AMADIS
DE GRECE,
TRAGEDIE
REPRESENTÉE
PAR L'ACADEMIE ROYALE
de Musique, pour la troisiéme fois,
le 2. Mars 1724.

Le prix est de Quarante sols.

A PARIS,

Chez la Veuve de PIERRE RIBOU, sur le Quai
des Augustins, à la descente du Pont-neuf,
à l'Image saint Loüis.

_____

M. DCC. XXIV.

AVEC PRIVILEGE DU ROI.

PRIVILEGE DU ROY.

LOUIS par la grace de Dieu Roi de France & de Navarre: A nos amés & feaux Conseillers les gens tenant nos Cours de Parlement, Maîtres des Requêtes ordinaires de notre Hôtel, Grand Conseil, Prevôt de Paris, Baillifs, Senechaux, leurs Lieutenans Civils, & autres nos Justiciers qu'il appartiendra, Salut. Les Sieurs Besnier Avocat en Parlement, Chomar, Duchesne, & de la Val de S. Pont, Bourgeois de notre bonne ville de Paris, Nous ont fait remontrer, qu'en consequence de l'Arrêt de notre Conseil du 12. Decembre 1712. du Traité fait entre eux & les Sieurs de Francine & Dumon le 14 desd. mois & an, & de nos Lettres Patentes du 8. Janvier ensuivant, confirmatives du Traité, ils auroient aequis le Privilege de faire representer les Opera durant le tems de vingt années, à compter du 20. Aout 1712. ainsi que le Privilege de la vente des Paroles desd. Opera, lesquelles ils desireroient faire imprimer pour les donner au Public, s'il Nous plaisoit leur accorder nos Lettres de Privilege sur ce necessaires. A CES CAUSES desirant favorablement traiter les Exposans, attendu les charges dont l'Académie Royale de Musique se trouve oberée, & les grandes dépenses qu'il convient de faire tant pour l'impression que pour la gravûre en taille-douce des Planches dont ce Livre sera ornés, Nous leur avons permis & permettons par ces Presentes de faire imprimer & graver les Paroles & la Musique de tous lesd. Opera, qui ont été ou qui seront representez par d'Académie Royale de Musique, tant separément que conjointement, en telle forme, marge, caractere, nombre de volumes & de fois que bon leur semblera, & de les faire vendre & debiter par tout notre Royaume pendant le tems de dix-neuf années consecutives, à compter du jour de la date desdites Presentes. Faisons défenses à toutes personnes, de quelque qualité & condition qu'elles puissent être, d'en introduire d'impression étrangere ens aucun lieu de notre obéissance; & à tous Imprimeurs, Libraires, Graveurs, & autres, d'imprimer, faire imprimer, vendre, faire vendre, debiter, ni contrefaire lesdites impressions, planches & figures, en tout ni en partie, sans la permission expresse & par écrit desdits Sieurs Exposans, ou de ceux qui auront droit d'eux, à peine de confiscation des Exemplaires contrefaits, de six mille liv. d'amende contre chacun des contrevenans, dont un tiers à Nous, un tiers à l'Hôtel-Dieu de Paris, l'autre tiers ausdits Sieurs Exposans, & de tous dépens, dommages & interêts, à la charge que ces Presentes seront enregistrées tout au long sur le Registre de la Communauté des Imprimeurs & Libraires de Paris, & ce dans trois mois de la date d'icelles, que la gravûre & impression desdits Opera sera faite dans notre Royaume & non ailleurs, en bon papier & en beaux caracteres, conformement aux Reglemens de la Librairie, & qu'avant de les exposer en vente il en sera mis deux Exemplaires dans notre Bibliotheque publique, un dans celle de notre Château du Louvre, & l'autre dans celle de notre tres-cher & feal Chevalier Chancelier de France le Sieur Phelypeaux, Comte de Pontchartrain, Commandeur de nos Ordres, le tout à peine de nullité des Presentes, du contenu desquelles vous mandons & enjoignons de faire joüir lesd. Sieurs Exposans, ou leurs ayant cause, pleinement & paisiblement, sans souffrir qu'il leur soit fait aucun trouble ou empêchement. Voulons que la copie desdites Presentes, qui sera imprimée au commencement ou à la fin desd. Opera, soit tenuë pour duëment signifiée, & qu'aux copies collationnées par l'un de nos amés & feaux Conseillers & Secretaires foi soit ajoûtée comme à l'Original. Commandons au premier notre Huissier ou Sergent de faire pour l'execution d'icelles tous Actes requis & necessaires, sans demander autre permission, & nonobstant Clameur de Haro, Charte Normande, & Lettres à ce contraires: Car tel est notre plaisir. Donné à Versailles le 20. jour d'Aou l'an de Grace 1713 & de notre Regne le soixante onziéme. Par le Roi en son Conseil Signé BESNIER avec paraphe, & scellé.

Nous avons cedé à M. Ribou le present Privilege suivant le Traité fait avec lui le 17 Juillet dernier 1713. A Paris le 22. Aout 1713. Signé BESNIER.

Registré sur le Registre avec la Cession, n. 3. de la Communauté des Libraires & Imprimeurs de Paris, page 648. n. 741. conformément aux Reglemens, & notamment à l'Arrêt du 3. Août 1703. Fait à Paris ce 11. Septembre 1713. L. JOSSE, Syndic.

A PARIS. De l'Imprimerie de J. B. LAMESLE, ruë des Noyers. 1714.

ACTEURS & ACTRICES CHANTANS
dans tous les Chœurs du Prologue & de la Tragedie.

COSTE' DU ROY.	COSTE' DE LA REINE.
Mesdemoiselles	*Mesdemoiselles*
Conftance.	Millon.
Souris-L.	La Roche.
Antier-C.	Tettelette.
Perfon.	Charlard.
Royer.	Perigon.
	Mangot.
Messieurs	*Messieurs*
Flamand.	Corbie.
Bremond.	Lemire-L.
Saint Martin.	Morand.
Deshayes.	Dautrep.
Grand-fire.	Corail.
Buzeau.	Hombault.
Dupleffis.	Duchefne.
Fleuriot.	Juilliard.

ACTEURS CHANTANS
DU PROLOGUE.

ZIRPHE'E, *Enchanteresse*, Mlle. Lemaure.
ZIRENE, *Enchanteur*, *Ami de Zirphée*, M. Dubourg.
Troupe de Statuës animées.
Troupe d'Esprits volans.

ACTEURS DANSANS
DU PROLOGUE.

GENIES.

M. Dupré, *seul.*
M. Dumoulin-L. Mion.
P. Dumoulin, Dangevil.

Mademoiselle Menés, *seule.*
Mesdemoiselles Rey, Lemaire.
Richalet, la Martiniere.

PROLOGUE.

Le Théâtre represente un Monument magnifique élevé à la gloire d'Amadis de Grece. Aux côteZ d'une allé de Lauriers on voit des Statuës qui marquent les Vertus de ce Heros. Au milieu est un Amphithéâtre, sur lequel s'éleve une Pyramide entre quatre Colomnes, dont les Pié d'estaux sont orneZ de Bas-reliefs, qui representent les Exploits d'Amadis : la Pyramide a de pareils orne-ments. On y voit de plus le Chiffre d'Amadis entre deux Renommées, & au haut l'ardante Epée, qui étoit la Devise de ce Chevalier.

SCENE PREMIERE.

ZIRPHE'E.

Tout celebre ici le courage
D'un Vainqueur dont le Monde admira
    les Travaux.
    Ce Monument est un hommage
Que mon Art voulut rendre au plus grand des Heros:
    D'Amadis, j'y traçai l'Histoire,
Mais on ne lui doit plus ce Titre glorieux,
Ce séjour n'est plus fait pour annoncer sa gloire,
D'autres Exploits vont embellir ces lieux.

PROLOGUE.

Esprits qui me servez, remplissez mon attente,
　　Volez, volez de toutes parts,
Effacez les Travaux que ce lieu represente,
　　Qu'une Histoire plus éclatante
　　Etonne & charme les regards.
Esprits qui me servez, remplissez mon attente,
　　Volez, volez de toutes parts.

Plusieurs Esprits volent à l'ordre de Zirphée & viennent changer les Bas-reliefs qui representent les travaux du Roi au lien de ceux d'Amadis. Deux Esprits enlevent l'ardente Epée du haut de la Piramyde, & deux autres y viennent poser un Soleil.

ZIRPHEE.

Que tout ici s'anime, & que tout me réponde.

Toutes les Statuës s'animent, sortent de leurs attitudes & s'unissent avec Zirphée pour celebrer la gloire du Roi.

ZIRPHEE & LE CHOEUR.

Pour chanter ce Vainqueur élevons nos Concerts,
Son nom remplit la Terre & l'Onde,
　　Il est l'honneur de l'Univers,
Son éloge est gravé dans tous les cœurs du Monde.

Des Génies applaudissent au dessein de Zirphée par leurs danses, & les femmes de sa suite se meslent avec eux.

ZIRENE *étonné de la nouvelle histoire que le Monument represente.*

Que d'Exploits éclatans s'offrent à mes regards !
Quel Héros fur fes pas enchaîne la Victoire ?
Qu'il abat d'Ennemis ! qu'il brife de Remparts !
En vain tout l'Univers s'arme contre fa gloire,
    Il triomphe de toutes parts.

CHOEUR.

Que d'Exploits éclatans s'offrent à nos regards !
Quel Héros fur fes pas enchaîne la Victoire ?
Qu'il abat d'Ennemis ! qu'il brife de Remparts !
En vain tout l'Univers s'arme contre fa gloire,
    Il triomphe de toutes parts.

ZIRPHE'E.

Goûtez, Mortels, une Paix falutaire,
C'eft un Héros qui s'en rend le foûtien,
Vous rendre heureux eft fa plus douce affaire;
    Il bannit la Guerre,
    N'en craignez plus rien;
Il prend le foin du bonheur de la Terre,
Et c'eft au Ciel qu'il fe remet du fien.

CHOEUR.

Goûtez, Mortels, une Paix falutaire,
C'eft un Héros qui s'en rend le foûtien,
Vous rendre heureux eft fa plus douce affaire;
    Il bannit la Guerre,
    Nen craignez plus rien;
Il prend le foin du bonheur de la Terre,
Et c'eft au Ciel qu'il fe remet du fien.

PROLOGUE

ZIRPHE'E & ZIRENE.

Ses soins ont ramené le calme sur la Terre ;
Que par ses soins il y regne à jamais,
S'il est le Héros de la Guerre,
Il est encor le Héros de la Paix.

ZIRPHE'E.

Volez, volez dans son Empire,
Plaisirs, prevenez tous ses veux,
C'est le plus grand Roi qui respire,
Qu'il soit toujours le plus heureux.

CHOEUR.

Volez dans son Empire,
Plaisirs, prevenez tous ses veux,
C'est le plus grand Roi qui respire,
Qu'il soit toujours le plus heureux.

ZIRPHE'E.

Après avoir servi sa gloire,
Il faut pour ses plaisirs nous unir aujourd'ui,
Qu'un spectacle charmant lui retrace l'Histoire
D'un illustre Vainqueur qui ne cede qu'à lui.

Fin du Prologue.

ACTEURS CHANTANS

DE LA TRAGEDIE.

AMADIS DE GRECE,   M. Thevenard.

LE PRINCE DE THRACE,   M. Muraire.

NIQUE'E, *Fille du Soudan de Thebes*, Mlle. Tulou.

MELIZE, *Magicienne*,   Mlle. Antier.

ZIRPHE'E, *Enchanteresse*, *Tante de Niquée*,
    Mlle. Lemaure,

L'Ombre du Prince de Thrace,   M. Muraire.

Un Berger,   M. Tribou.

Un Chevalier enchanté,   M. Lemyre.

Une Princesse enchantée,   Mlle. Mignier.

Chœurs de Magiciens.

Un Matelot,   M. Tribou.

Second Matelot.   M. Dun.

ACTEURS DANSANS

DE LA TRAGEDIE.

PREMIER ACTE.

BERGERS.

Monsieur D. Dumoulin , *seul.*
Messieurs P. Dumoulin , Dangevil ,
Maltaire-L. Duval.

BERGERES.

Mademoiselle Prevost , *seule.*
Mesdemoiselles Delisle , Rey ,
Laferriere , Dupré ,
Duval , Tibert.

SECOND ACTE.

CHEVALIERS ENCHANTÉS.

Meſſieurs Laval , Maltaire-C.
Maltaire-L. Dangevil.

PRINCESSES ENCHANTÉES.

Meſdemoiſelles Duval , Laferiere.
Thiery , S. Leger.
Monſſieur Mion , Mademoiſelle Menès , ſeuls.

TROISIÈME ACTE.

MAGICIENS.

Meſſieurs Laval , Maltaire-C.

DEMONS.

Monſieur Dupré , ſeul.
Meſſieurs Dumoulin-L. Pierret.
Mion , Javilier ,
Maltaire-L. Duval.

QUATRIEME ACTE.

MATELOTS.

Monsieur D. Dumoulin *seul.*
Messieurs F. Dumoulin P. Dumoulin.
Mion, Maltaire-C.

MATELOTTES.

Mademoiselle Prevost , *seule.*
Mesdemoiselles Richalet , Petit.
Lamartiniere , Roland.

CINQUIEME ACTE.

GUERRIERS.

Monsieur Blondy , *seul.*
Messieurs Laval , Maltaire-C.
Dangevil , Maltaire-L.
Mion , Pierret.

PRINCESSES.

Mesdemoiselles , Laferiere , Delisle.
Duval, Lemaire.
Tibert , Roland.

AMADIS

AMADIS
DE GRECE,
TRAGEDIE.

ACTE PREMIER.

Le Théâtre represente les Jardins de Mélisse, d'où l'on découvre dans le fonds la Tour de Niquée. La Scene se passe dans la Nuit.

SCENE PREMIERE.
AMADIS, LE PRINCE DE THRACE.

AMADIS.

Pendant que le sommeil ferme ici tous les yeux,
Allons, Prince, marchons, où m'attend la Victoire;
Arrachons-nous aux charmes de ces lieux,

A

Ils n'ont que trop contraint mon amour & ma
gloire.

LE PRINCE DE THRACE.

La Gloire affez long-tems vous a vû fous fes Loix ;
Tout vous affûre une illuftre mémoire ;
Amadis a lui feul achevé plus d'Exploits ,
     Que l'avenir n'en pourra croire.

Répondez en ces lieux à de tendres defirs ,
Méliffe fent pour vous la flâme la plus belle ;
Mille appas font ici le fruit de fes foupirs ;
Quand fon Art à vos yeux raffemble les plaifirs ,
     C'eft fon amour qui les appelle.

AMADIS.

Ah ! c'eft de cet amour que je fais mon tourment.
     Quand ce Palais s'offrit à mon paffage ,
     J'allois finir l'enchantement
     De la Princeffe qui m'engage.

Méliffe par fes foins me retint dans fa Cour ,
Je crus que fon accuëil naiffoit de fon eftime;
Mais puifqu'il eft l'effet de fon fatal amour ,
     Prince, je me ferois un crime
     De le nourrir par un plus long féjour.

LE PRINCE DE THRACE.
     Pour prix d'une flâme fi tendre
Vous voulez qu'elle meure & vous l'abandonnez.

Quoi ! fa beauté ne peut-elle vous rendre
Tout l'amour que vous lui donnez ?

AMADIS.

Tu fçais l'objet à qui je rends les armes,
Et tu peux me vanter de fi foibles attraits !
Regarde, Amy ... * les yeux qui connoiffent ces
    traits,
Peuvent-ils trouver d'autres charmes ?

        *Il lui montre le Portrait de Niquée.

LE PRINCE DE THRACE, à part.

Ah ! je fens à les voir, redoubler mes allarmes.

AMADIS.

Déja le bruit de ma valeur
A fçû fléchir pour moi cette augufte Princeffe.
Il faut par mille efforts meriter mon bonheur
    Et juftifier fa tendreffe.

Ne tardons plus, affûrons dès ce jour
    Et mes plaifirs & ma mémoire.
    Qu'il eft doux d'accroître fa gloire
De ce qu'on fait pour fon amour.

LE PRINCE DE THRACE.

Je ne m'oppofe plus au foin qui vous agite,
Je combattrois en vain un fi preffant défir.

Demeurez. Je vais voir pour cacher notre fuite
    L'endroit que nous devons choisir.

Il sort & va avertir Mélisse.

SCENE II.

AMADIS, *seul.*

O Nuit ! déploye ici tes voiles les plus sombres ;
Sommeil , sous tes Pavots assoupi tous les
    yeux ;
    Pour fuir de ces funestes lieux
Prêtez-moi le secours du silence & des ombres.
Amour , obtiens pour moi qu'ils remplissent mes
    vœux ;
    Mon cœur a droit de le prétendre.
    Tu n'as jamais servi de si beaux feux
    Ni satisfait d'Amant si tendre.
O nuit ! déploye ici tes voiles les plus sombres ;
Sommeil , sous tes Pavots assoupi tous les yeux ;
    Pour fuir de ces funestes lieux
Prêtez-moi le secours du silence & des ombres.

*La nuit se dissipe , une clarté magique éclaire les Jar-
dins , il y naît des Berceaux , & des Fontaines , & une
Troupe champêtre suscitée par Mélisse , vient s'opposer
au départ d'Amadis.*

Que voi-je ! quel prodige ! ô Cieux !
A quel Aftre la nuit cede-t'elle ces lieux ?
    D'où vient qu'une Béauté nouvelle
    Eclate ici de toutes parts ?
    Quel fpectacle ! qui vous appelle ?
Et quel enchantement vous offre à mes regards ?

S C E N E   I I I.

A M A D I S.

Troupe de Bergers, de Bergeres, & de Paftres.

UN BERGER.

AVec l'amour tout peut nous plaire,
    Rien n'eft charmant fans fon fecours :
Il eft le feul qui fçait nous faire
D'aimables lieux & de beaux jours.

CHOEUR.

Cedez à nos Chanfons, cedez à nos Mufettes,
Joüiffez en ces lieux des charmes les plus doux ;
Les oyfeaux, les echos de ces belles retraites,
Pour vous y retenir s'uniffent avec nous.

DEUX BERGERS.

Tout doit ici fléchir un cœur fauvage,
　　Nos bois charmans
　　Sont faits pour les Amans.
　　　Ils font toujours
　　Parez d'un vert feüillage :
　　Ah ! que leur ombrage
　　Eft d'un doux fecours.
　　　Que de beaux jours,
　L'amour nous y prépare ,
　　　Heureux qui s'égare
　　Dans leurs détours :
　　Heureux qui s'égare
　　Avec les amours.

UN BERGER.

L'amour eft póur le bel âge ;
Le plus tendre eft le plus fage :
L'amour eft pour le bel âge ,
Livrons-nous à fes langueurs.

LE CHOEUR.

L'amour eft pour le bel âge ;
Le plus tendre eft le plus fage :
L'amour eft pour le bel âge ,
Livrons-nous à fes langueurs.

LE BERGER.

Il fe plaît dans nos bocages
Pour bleffer les cœurs fauvages;
Il fe cache fous les fleurs.
L'amour eft pour le bel âge ;
Le plus tendre eft le plus fage :
L'amour eft pour le bel âge ,
Livrons-nous à fes langueurs.

LE CHOEUR.

L'amour eft pour le bel âge ,
Le plus tendre eft le plus fage :
L'amour eft pour le bel âge ,
Livrons-nous à fes langueurs.
Trop heureux ceux qu'il engage,
L'amour eft un efclavage ,
Mais fes fers ont des douceurs.

UNE BERGERE.

Aimons tous dans la jeuneffe ,
Eh ! que faire fans tendreffe !
Aimons tous dans la jeuneffe ,
L'amour eft le bien des cœurs.

LE CHOEUR.

Aimons tous dans la jeuneffe ,
Eh ! que faire fans tendreffe !
Aimons tous dans la jeuneffe ,
L'amour eft le bien des cœurs.

LA BERGERE.

Chaque tems a sa sagesse,
Attendons que la vieillesse
Vienne éteindre nos ardeurs.
Aimons tous dans la jeunesse,
Eh ! que faire sans tendresse !
Aimons tous dans la jeunesse,
L'amour est le bien des cœurs.

LE CHOEUR.

Aimons tous dans la jeunesse,
Eh ! que faire sans tendresse !
Aimons tous dans la jeunesse,
L'amour est le bien des cœurs.
Qu'avec nous il soit sans cesse,
Il nous plaît quand il nous blesse,
Tous ses coups sont des faveurs.

AMADIS.

Cessez cette importune fête,
C'est vainement qu'en ces lieux on m'arrête.

SCENE IV.

SCENE IV.

AMADIS, MÉLISSE, LE PRINCE DE THRACE.

MELISSE.

Quoi, tout trompera mon espoir,
Amadis, se peut-il que rien ne vous fléchisse ?
Ah ! du moins, si sur vous leur voix est sans pou-
    voir,
    Cedez à celle de Mélisse.

AMADIS.

    Ce n'est qu'à la voix du devoir
    Qu'il faut qu'un grand cœur obéisse.

MELISSE.

C'est est donc fait, tu pars, tu braves ma dou-
    leur,
Je n'ai pour t'arrêter que d'inutiles charmes.
Ingrat, mets-tu ta gloire à mépriser mes larmes ?
Ton bonheur dépend-il de me percer le cœur ?

B

Ah ! plus je m'attendris, moins je te vois fenfible.
Tu détourne les yeux, & déja tu me fuis.
        Tu te fais un fupplice horrible
        D'être encore aux lieux où je fuis.

AMADIS.

Meliſſe, ce n'eſt qu'à la gloire . . . .

MELISSE.

Non, non, ne pourfuit pas ce langage odieux,
        Je ſçais trop ce que je dois croire,
L'amour, le feul amour, t'arrache de ces lieux.

L'image de Niquée a porté dans ton ame
        ·Des feux dont tu fais ton bonheur...

Son nom même, fon nom vient d'émouvoir ton
        cœur,
        Et tes yeux trahiffent ta flâme.

AMADIS.

        Pourquoi voulez-vous m'engager
        Quand je fuis fous les loix d'un autre ?
        Un cœur capable de changer
        Ne feroit pas digne du vôtre.

MELISSE.

Quoi ! cruel , c'eſt donc peu de le voir dans tes
    yeux !
Tu m'oſes faire encore un aveu ſi funeſte.
Je ne t'ai donc offert qu'un amour odieux
    Et qu'un cœur que le tien déteſte ?
En vain j'ai raſſemblé les plaiſirs & les jeux ,
En vain j'ai de mon Art épuiſé la puiſſance ,
    Pour toi tout devenoit affreux
    Par mes ſoupirs & ma préſence.

C'en eſt trop , le dépit ſuccede à mon tranſ-
    port.
Je ne te retiens plus , tu peux partir . . . .
    barbare ,
Va braver les périls que le ſort te prépare ,
Cours , vole à ta Princeſſe, ou plûtôt à la mort …
A la mort ! Quoi, ton cœur la préfere à Méliſſe ?
    Tu me quittes pour la chercher ?
Mon déſeſpoir , mes pleurs , n'ont rien qui t'at-
    tendriſſe.

AMADIS.

Il ne m'eſt pas permis de m'en laiſſer toucher.

MELISSE.

Suis-donc, cruel , une gloire fatale ,
    Va perir pour d'autres appas.

Que des monſtres ſur toi, la rage ſe ſignale,
Que cent Geans affreux te livrent cent combats,
Et qu'un gouffre de flâme achevant ton trépas
Te vomiſſe expirant aux pieds de ma Rivale.

AMADIS.

O Ciel! peut-on former des veux ſi pleins d'horreur:
Ah! fuyons, ma preſence irrite ſa fureur.

SCENE V.

MELISSE ſeul.

LE cruel m'abandonne, il fuit, il me déteſte,
Dieux! quel ſupplice il me fait éprouver!
Je lui parois un objet plus funeſte
Que les monſtres qu'il va braver.
Eh bien, ingrat, cede au feu qui t'entraîne,
Pourſuis tes amoureux projets;
Mais en vain ta valeur te répond du ſuccès,
Tu t'eſt flaté d'une eſperance vaine,
Les Monſtres, les Geans peuvent être défaits,
Mais tu ne peux vaincre ma haine.

Fin du premier Acte.

ACTE SECOND.

*Le Théâtre represente le Perron enflâmé qui défendoit
la Gloire de Niquée.*

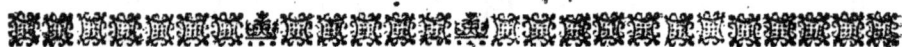

SCENE PREMIERE.

AMADIS, LE PRINCE DE THRACE.

AMADIS.

CEs feux excitent mon courage,
C'est le dernier peril qu'il me reste à ten-
ter,
Cent monstres vainement m'ont opposé leur
rage,
Tu me les as vus surmonter;
Et je me suis fait un passage
Teint du sang des Geants qui vouloient m'arrêter.

Mais qu'annoncent ces mots? il faut nous en inſtruire,
Hâtons-nous de les lire.

LE PRINCE DE THRACE *lit ces mots , qui ſont*
écrits ſur le Perron.

Un ſeul peut paſſer dans ces feux,
Un ſeul doit y trouver une gloire immortelle ;
C'eſt l'Amant le plus genereux
Et le Heros le plus fidelle.

AMADIS.

Ah ! je connois ici ma flâme & ma valeur,
Le ſort va remplir ſa promeſſe.
Non, je n'en doute plus, je touche à mon bonheur.
Je ſuis prêt de voir ma Princeſſe,
Mille ſecrets plaiſirs l'annoncent à mon cœur.

Au Prince de Thrace.

Cher Prince, ſois heureux autant que je vais l'être,
Puiſſe le ciel combler tous tes déſirs.
Ce n'eſt plus que par tes plaiſirs.
Que les miens pourront croître.

il s'avance pour traverſer les flâmes.

LE PRINCE DE THRACE.

Arrête, & connois-moi.

AMADIS.

Qu'entends-je ? je fremis.

LE PRINCE DE THRACE.

J'oppofe encor ce bras à ton audace
Combats dans le Prince de Thrace,
Ton Rival & ton ennemi.

AMADIS.

Ciel !

LE PRINCE DE THRACE.

Plus charmé que toi des traits de ta Princeffe,
Et réduit par fon choix à n'en efperer rien,
Je voulois troubler ta tendreffe
Tout mon bonheur étoit de traverfer le tien.

Pour te retenir chez Méliffe
De ton départ j'ai couru l'avertir :
Mes foins ont été vains, tu trouves tout propice,
Moi feul à ton bonheur je ne puis confentir.
C'eft pour moi le dernier fupplice,
Ton trépas ou le mien fçauront m'en garentir.

AMADIS.

Traître, perfide Ami, quelle rage te guide !

LE PRINCE DE THRACE.

Ah ! ne m'accable point de ces noms rigoureux ,
Nos vertus dépendoient du succès de nos vœux,
Et tu serois l'Ami perfide ,
Si tu n'étois l'Amant heureux.

AMADIS.

En vain tu prodigues ta vie,
Ton sang me fut trop cher pour y tremper mes
mains ;
Je veux punir ta perfidie
En te forçant de voir le bonheur que tu crains.

Il traverse les flâmes.

SCENE II.

SCENE II.

LE PRINCE DE THRACE.

IL m'échape, il brave ma rage;
Allons , il faut le fuivre au milieu de ces feux ;
Mais quel pouvoir fecret m'en défend le paffage ?
Tout fe brife ... ô deftin, faut-il le voir heureux ?
Méliffe , c'eft à toi de vanger notre outrage.

il fort, & va implorer le fecours de Méliffe.

Le Perron enflâmé fe brife au bruit du Tonnerre , & laiffe voir la Gloire de Niquée , où elle paroît fous un Pavillon magnifique , au milieu de Chevaliers & de Princeffes enchantées avec elle.

SCENE III.

AMADIS, NIQUE'E, *Troupe de Cheva-*
liers, & de Princesses enchantées.

NIQUE'E *descend de son Trône.*

QU'entends-je? de quel bruit ont retenti ces
    lieux ?
Ciel ! est-ce mon Héros qui paroît à mes
    yeux.

AMADIS.

Que d'attraits, quelle gloire extrême !
Princesse, que mon cœur éprouve un sort char-
    mant;
    Quand je romps votre enchantement,
    Je demeure enchanté moi-même.

Un prix trop éclatant couronne mes exploits.
Je vous vois, je vous aime, & je puis vous le dire !
Non, pour tous les transports que je sens à la fois,
    Tout mon cœur ne sçauroit suffire.

NIQUEE.

Qu'il m'est doux d'enflâmer d'une si vive ardeur
    Un Héros pour qui la Victoire . . .

Mais, n'eſt-ce point un ſonge, eſtes-vous ce
  vainqueur,
Vois-je cet Amadis ſi cheri de la Gloire ?
  Helas ! tout m'engage à le croire,
  Vos exploits, mes yeux & mon cœur.

Qu'ai-je dit ? où m'emporte un excès de tendreſſe ?
A M A D I S.
Craignez-vous de me faire un aveu trop charmant.
N I Q U E'E.
  Non, vous ſçavez trop ma foibleſſe,
  Je la cacherois vainement.

Mais pourquoi mon amour craindroit-il de paroî-
  tre,
Dois-je rougir des traits dont je me ſens bleſſer ?
  La Gloire helas ! peut-elle s'offencer
  D'une flâme qu'elle a fait naître.
A M A D I S.
  Ah ! j'éprouve en cet inſtant même
Le moment le plus doux de mon heureux jour ;
  Vous m'aimez, ma gloire eſt extrême,
  Et mon bonheur égale à mon amour.
N I Q U E'E.
L'éclat de vos vertus & celui de vos armes
Engageoient le Ciel même à couronner vos vœux,
  Que ne redouble-t'il mes charmes
  Pour vous rendre encor plus heureux.
C ij

NIQUE'E & AMADIS.

Cedons-nous l'un à l'autre une douce victoire,
Uniſſons à jamais nos cœurs & nos deſirs.
    Votre eſtime eſt toute ma gloire,
    Et votre amour tous mes plaiſirs.

NIQUE'E.

    Témoins d'une ſi belle flâme,
Vous qu'avec moi Zirphée enchanta dans ces lieux,
Par les Chans & les Sons les plus harmonieux
    Celebrez l'ardeur de notre ame.

Les Chevaliers & les Princeſſes de diverſes Nations qui étoient enchantées avec Niquée celebrent ſon bonheur & la gloire d'Amadis.

Un CHEVALIER enchanté.

Chantons une beauté qui charme tous les cœurs,
Offrons à ſes deſirs la plus galante fête,
    Ses attraits ont fait la conquête
    Du Vainqueur des Vainqueurs.

CHOEUR.

    Chantons ſa Victoire,
    Celebrons ſa Gloire.

Une PRINCESSE *enchantée.*

Celebrons Amadis & ranimons nos voix,
Son bras & ſes vertus forcent tout à ſe rendre,
Les charmes les plus doux & le cœur le plus ten-
     dre,
     Sont l'heureux prix de ſes Exploits.

CHOEUR.

     Chantons ſa Victoire,
     Celebrons ſa Gloire.

Une PRINCESSE *enchantée.*

Suivons un doux penchant, formons d'aimables
     nœuds.
Pourquoi paſſer nos jours à nous contraindre,
Quand l'amour dans nos cœurs vient allumer ſes
     feux,
          Rien ne doit les éteindre :
          Les maux qu'on en peut craindre
          Sont doux à ſouffrir,
          Loin de nous en plaindre,
          Craignons d'en guérir.

Second Couplet.

Rendons-nous à l'amour, il doit combler nos
     vœux,
N'en craignons point les ſoins ni les allarmes,

Lui seul nous rend heureux ;
Pour les cœurs amoureux
Tout est doux jusqu'aux larmes :
Amour, nos cœurs s'empressent
De sentir tes coups,
Plus tes traits nous blessent,
Plus ils semblent doux.

Un nuage qui avance sur le Théâtre s'ouvre & fait voir Melisse sur un Dragon.

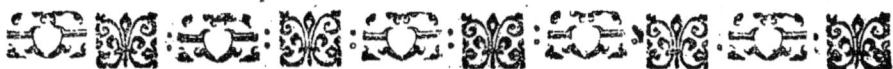

SCENE IV.

AMADIS, NIQUE'E, MELISSE.

MELISSE.

Tremblé, Amadis, tu vois ce qui m'ameine,
Ma présence t'annonce un supplice fatal.
Demons, venez servir ma haîne,
Transportez son Amante, où l'attend son Rival.

Des Démons enlevent Niquée.

AMADIS.

Ah ! Ciel.

MELISSE.

Que la fureur, que la rage inhumaine
Détruisent ce Palais trop cher à tes desirs.
Va , porte en d'autres lieux tes cris & tes soupirs,
Que ton heureux Rival jouisse de ta peine,
Et que ton désespoir croisse par ses plaisirs.

A M A D I S *à Melisse qui part.*

Arrête , implacable furie,
O Dieux , me livrez-vous à cette barbarie !

Fin du second Acte.

ACTE TROISIÉME.

Le Théâtre represente une Plaine coupée *de quelques*
ruisseaux , & au milieu la Fontaine de la Verité
d'Amour , ornée de colonnes & de Statuës.

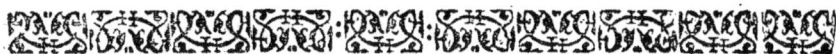

SCENE PREMIERE.

AMADIS.

Que deviens-je ! où m'emporte un défes-
poir affreux !
Je traverse au hazard les Forêts & les
Plaines ,
Je fais tout retentir de mes cris douloureux ,
   Et par tout mes plaintes font vaines.

Il s'appuye sur un arbre , & le murmure des ruisseaux
le tire de son abbatement.

Vous ,

Vous , dont le bruit se mêle à mes tristes accents ,
Coulez , charmans ruisseaux , répondez-moi sans
 cesse ,
Murmurez avec moi des maux que je ressens.
Helas ! on m'a ravi l'objet de ma tendresse ;
D'inutiles soupirs , des regrets impuissans ,
 Sont l'unique bien qu'on me laisse :
Vous , dont le bruit se mêle à mes tristes accents ,
Coulez , charmans ruisseaux , répondez-moi sans
 cesse ,
Murmurez avec moi des maux que je ressens :

Mais quoi ! je reconnois cette Grotte enchantée ,
Ses Eaux de leur destin instruisent les Amans.
 Il faut que mon ame agitée
Y trouve du secours , ou de nouveaux tourmens.

     Il regarde dans la Fontaine.

Que vois-je ! ô coup mortel. Puis-je en douter en-
 core ?
Mon Rival aux genoux de l'objet que j'adore !
Tous deux semblent contens. Est-il possible , ô
 Cieux !
 Ah ! la parjure ! ah ! l'infidelle !
Helas ! il est trop vrai . . . Je le vois à ses yeux :
 La perfide lui jure une ardeur éternelle.
O sort , je puis enfin défier ton couroux ;
 Voilà le dernier de tes coups.

    Il tombe évanoüi sur un gazon.
      D

SCENE II.

AMADIS, MELISSE.

MELISSE , *s'approche d'Amadis.*

EH bien , es-tu contente, inhumaine Meliſſe ?
Son cœur d'aſſez de maux ſe ſent-il déchirer ?
Cruelle, aſſouvi-toi de ſon dernier ſupplice,
Soule-toi du plaiſir de le voir expirer.

Quoi ? puis-je vouloir qu'il expire ?
Non, non, le même coup me raviroit le jour :
Helas ! plus je le vois & plus mon cœur ſoupire :
Ciel ! tout mourant qu'il eſt , qu'il m'inſpire d'a-
mour !

Qu'il vive. Oppoſons-nous à ſa langueur mortelle.
Amadis, Amadis, vivez , c'eſt trop ſouffrir ;
Reconnoiſſez la voix qui vous appelle,
Cher Prince.

AMADIS *entrouvant les yeux.*
Ah ! laiſſez-moi mourir.

MELISSE.
Pour un indigne cœur , faut-il tant s'attendrir ?
Votre Princeſſe eſt infidelle.
Vivez :

AMADIS.

Non , laiſſez-moi mourir.

Il tombe encore.

MELISSE.

Quoi ? vous ne perdrez point cette cruelle envie ?
Vous verrez ſans pitié mes ſoupirs & mes pleurs ?
Helas ! ſi vous mourez , je meurs :
Voulez-vous m'arracher la vie ?

AMADIS *ſe leve , ſans penſer à Meliſſe.*

Malheureux , n'eſt-ce point quelque charme trom-
peur ?
Mes yeux l'ont-ils bien vû . . . quelle foibleſſe ex-
trême,
Lâche , pour tromper ma douleur
Je cherche à m'abuſer moi-même.

Quoi ? cet objet de mon amour
Pour qui je fus rebelle à tous les autres charmes,
Lui , pour qui Meliſſe en ce jour
Ma vû braver ſa fureur & ſes larmes.

MELISSE.

Le cruel ! il m'outrage , & ſçait que je l'entends.

AMADIS *continuë , ſans penſer à elle.*

Ce cœur dont j'attendois le bonheur de ma vie
Me livre aux plus cruels tourmens ;

Le même jour, témoin de ses sermens,
L'est aussi de sa perfidie.

Et je vis ! ma douleur n'a pas tranché mes jours !
Il faut donc de ce fer emprunter le secours.

Il tire son épée pour s'en fraper; Melisse s'en saisit.

MELISSE.

Arrêtez, Amadis.

AMADIS.

Ah ! barbare Melisse :
N'est-ce donc pas assez des maux que j'ai soufferts ?
Mes tourmens vous font - ils si chers
Pour ne pouvoir souffrir que la mort les finisse ?

MELISSE.

Ne peux-tu sans mourir terminer ton supplice ?

Consens à de nouveaux soupirs :
N'aime plus qui te hait, & ne hais plus qui t'aime,
Mes soins préviendront tes desirs,
J'en ferai mon bonheur suprême,
Mon amour sur tes pas conduira les plaisirs,
C'est assez qu'avec eux tu me souffres moi-même.

AMADIS.

Non, non, vos vœux offerts, & les miens méprisez
Ne me rendront point infidelle.

Gardez ces vains plaifirs que vous me propofez ,
> Je ne veux rien de vous , cruelle ,
> Que le trépas que vous me refufez.

MELISSE.

Quoi ! toujours charmé d'une ingrate ,
Les injuftes méprisme cefferont jamais ?

AMADIS.

En vain fa perfidie éclate ,
Je l'aime encore autant que je vous hais.

Vous me l'avez ravi cet objet que j'adore ;
> Vous avez fervi mon Rival ;
> Sans vous , fans ce fecours fatal ,
> L'ingrate m'aimeroit encore.

Je ne puis trop vous détefter ,
> Tous mes malheurs font votre ouvrage.
Inhumaine , achevez . . . qui peut vous arrêter ?
N'ofez-vous dans mon fang confommer votre
rage ?
> Je voudrois pour vous irriter
Pouvoir vous faire encor quelque nouvel outrage :
> Frapez , vous devez vous hâter ,
Je fens qu'à chaque inftant je vous hais davan-
tage.

MELISSE.

Je cede enfin, c'eft trop fouffrir,
Mon cœur à fa rage fe livre ;
Mais n'efpere pas de mourir,
Cruel, dans les tourmens je veux te faire vivre.

Que l'horreur regne en ces deferts,
Qu'il devienne pour lui l'image des Enfers.

Des Démons volans brifent les ornemens de la Fontaine, ils déracinent les Arbres, & renverfent les Rochers ; l'Amour effrayé s'envole, & le Théâtre fe change en un Enfer.

MELISSE.

Et vous de mes fureurs, miniftres redoutables,
Accourez, accourez ; venir fervir mes vœux.

Des Magiciens viennent à la voix de Meliffe, & fe préparent à fervir fa fureur.

MELISSE.

Faites naître en ces lieux des Monftres effroyables,
Qu'on n'y refpire que des feux.

Il fort des Monftres du fein de la terre, & il tombe du Ciel une pluye de feu.

MELISSE.

Qu'on ne puiffe inventer des horreurs comparables,
Et que l'Enfer foit moins affreux.

CHOEUR.

Nous sommes prêts à servir ta fureur.
Exerçons à ses yeux un funeste ravage,
Que le Barbare apprenne à redouter ta rage,
Jettons dans ses esprits l'épouvante & l'horreur.

*Les Monstres & les Démons s'unissent pour le supplice
d'Amadis.*

CHOEUR de *Magiciens.*

Tremble Amadis, crains la mort, crains les fers,
    Cet embrasement, ce ravage,
Les rochers renversez, les abîmes ouverts,
    Sont les essais de notre rage.

AMADIS.

A quoi par ces horreurs pensez-vous me contraindre,
Amadis peut mourir, mais il ne sçauroit craindre.

MELISSE.

Cessez, il doit sentir de plus vives douleurs,
    Je lui reserve une autre peine.
Qu'il aille en mon Palais éprouver les malheurs
    Qu'il vient de voir dans la Fontaine,
Son desespoir au mien ne sçauroit être égal,
S'il ne voit sa Princesse adorer son Rival.

Fin du troisiéme Acte.

ACTE QUATRIÉME.

Le Théâ re represente un endroit du Palais de Melisse borné de la Mer.

SCENE PREMIERE.

MELISSE, LE PRINCE DE THRACE.

LE PRINCE DE THRACE.

JE parois Amadis aux yeux de la Princesse,
　Elle me jure une fidelle ardeur.
Mais c'est à mon Rival que son serment s'adresse,
Et vous trompez ses yeux sans séduire son cœur.

Que

Que me fert ce fecours, elle eft toujours la même.
Rien ne brife le nœud que fon cœur a formé.
  Plus elle affûre qu'elle m'aime,
  Plus je connois qu'Amadis eft aimé.

MELISSE.

C'eft pour votre Rival une tendreffe vaine,
  Vous l'empêchez d'en gouter les appas.
  Faites vos plaifirs de fa peine,
Vous êtes trop heureux de ce qu'il ne l'eft pas.
Demeurez en ces lieux, attendez la Princeffe,
Je veux rendre Amadis témoin de vos difcours;
Pour voir l'ingrat fenfible à ma tendreffe,
Il faut de fon dépit emprunter le fecours.

LE PRINCE DE THRACE.

Quoi ? devant la Princeffe Amadis va paroître ?

MELISSE.

Ne craignez rien, fes yeux doivent le méconnoître.

E

SCENE II.

LE PRINCE DE THRACE.

HElas ! rien n'adoucit l'excès de mon mal-
    heur.
Vous, flots impetueux qui battez ce rivage,
    Non, jamais les vents en fureur
N'ont excité fur vous un plus affreux orage
    Que celui qui trouble mon cœur.
Je me fens penetré d'une fecrete horreur,
    Tout l'accroît, rien ne la foulage ;
Je trahis mon ami fans fervir mon ardeur ;
    Mon innocence & mon bonheur
Ont fait enfemble un funefte naufrage.

Vous, flots impetueux qui battez ce rivage,
    Non, jamais les vents en fureur
N'ont excité fur vous un plus affreux orage
    Que celui qui trouble mon cœur.

    Il faut fortir de ce trouble fatal
    Par le trépas de mon Rival.
    On vient ; la Princeffe s'avance,
    Contraignons-nous en fa préfence.

SCENE III.

LE PRINCE DE THRACE, NIQUE'E

qui prend le Prince de Thrace pour Amadis.

NIQUE'E.

AMadis, tout nous rit en ce charmant sé-
jour,
Melisse cede à notre amour;
En faveur de nos feux, elle a vaincu sa haine.
Une nouvelle fête en ces lieux, dans ce jour,
Va par son ordre encore celebrer notre chaîne.
Bientôt un doux Hymen comblera nos desirs …
Mais cet air interdit m'apprend que je m'abuse;
Quoi! tout conspire à nos plaisirs,
Et votre cœur seul s'y refuse?

LE PRINCE DE THRACE.

Ah! mon trouble est l'effet de l'excès de mes feux,
Si je vous aimois moins, je serois plus heureux.

NIQUE'E.

O Ciel! que dites-vous! ma surprise est extrême,
Puis-je entendre ces mots d'une bouche que j'aime!
Est-ce ainsi qu'on doit s'enflâmer?
Un cœur vraiment touché, cherit son esclavage,
Le mien, en vous aimant, autant qu'il peut aimer,
Voudroit encor vous aimer davantage.

E ij

Non, votre cœur pour moi, n'eſt pas aſſez épris.
　　La gloire ſeule allume votre flâme.
Vous cedez à l'éclat du grand Nom d'Amadis
　　Plûtôt qu'à l'ardeur de mon ame.

NIQUE'E.

Je n'entends rien à ce détour;
Mais tout m'eſt cher en vous, & la gloire & l'a-
mour.
Promettons-nous cent fois la plus vive tendreſſe;
　　Que rien n'en finiſſe le cours.
Le plus doux des plaiſirs eſt de s'aimer ſans ceſſe.
　　Et de ſe le dire toujours.

Ce Concert nous annonce une Fête Galante,
Voyons les Jeux qu'on nous preſente.

SCENE IV.

NIQUE'E, LE PRINCE DE THRACE, MELISSE.

Une Troupe de Matelots vient par l'ordre de Melisse executer les Jeux qu'elle a fait préparer.

LE CONDUCTEUR *de la Fête.*

G Outez , malgré les vents la plus charmante paix,
   Ne craignez plus le naufrage ,
   Vivez heureux , triomphez à jamais
   Des écueils & de l'orage.

CHOEUR.

Goutez , malgré les vents , la plus charmante paix,
   Ne craignez plus le naufrage ,
   Vivez heureux , triomphez à jamais
   Des écueils & de l'orage.

UN MATELOT.

Le vent nous appelle ,
La Saison est belle ,
Il faut s'embarquer.

CHOEUR.

Le vent nous appelle ,
La Saison est belle ,
Il faut s'embarquer.

LE MATELOT.

Pourquoi fe défendre
D'un commerce tendre,
C'eft perdre, qu'attendre ;
Que pouvons-nous rifquer ?
Le vent nous appelle,
La Saifon eft belle,
Il faut s'embarquer.

CHOEUR.

Le vent nous appelle,
La Saifon eft belle,
Il faut s'embarquer.

LE MATELOT.

Sans verfer des larmes,
Ni fouffrir d'allarmes,
Un port plein de charmes
Ne peut nous manquer,
Quand un cœur s'engage
Au tems du bel âge,
Les vents ni l'orage,
N'ofent l'attaquer.
Le vent nous appelle,
La Saifon eft belle,
Il faut s'embarquer.

CHOEUR.

Le vent nous appelle,
La Saifon eft belle,
Il faut s'embarquer.

Pendant la Fête, le Prince de Thrace apperçoit Amadis,
& fort pour le combattre.

NIQUE'E.

Le chercherai-je en vain, que faut-il que je penſe,
  Qui peut me ravir ſa préſence ?

Ceſſez, Jeux importuns, d'animer nos deſirs,
Vous ne ſçauriez calmer l'ennui qui me devore ;
C'eſt dans les yeux du Héros que j'adore,
Que mon cœur cherche ſes plaiſirs.

SCENE V.

MELISSE, NIQUE'E.

MELISSE.

Qu'ai-je vû, Dieux cruels !

NIQUE'E.

De quoi dois-je vous plaindre.

MELISSE.

Apprend tout, je ne veux plus feindre.

Sous les traits d'Amadis, je t'offrois son Rival,
Ton cœur lui promettoit d'éternelles tendresses,
Je rendois Amadis témoin de tes promesses ;
Helas ! j'en esperois un succés moins fatal.

NIQUE'E.

Quoi !

MELISSE.

Le Prince n'a pû soûtenir sa présence,
Je l'ai vû d'Amadis défier le couroux ;
Mais Amadis, d'un fer qu'a saisi sa vengeance
L'a fait en combattant expirer sous ses coups.

NIQUE'E.

Pourquoi me trompiez-vous par cette ressemblance ?

MELISSE.

Va, ne crains plus d'erreur, tu vas voir ton Amant,
Mais tu ne le verras que pour voir son tourment.

Fin du quatriéme Acte.

ACTE V.

ACTE CINQUIÉME.

Le Théâtre represente un Antre affreux, destiné
aux enchantemens de Mélisse.

SCENE PREMIERE.

MELISSE.

Dieux ! quelle horreur s'empare de mon
    ame !
Cruelle , dans quel sang veux je éteindre
    ma flâme !

Mais l'Ingrat m'y contraint , rien ne peut l'attendrir.
    Plus je l'adore & plus il me déteste.
Ah ! joüissons du moins de la douceur funeste
    De m'en vanger & de mourir.

On m'ameine Amadis , & l'objet qui l'engage :
Amour sors , de mon cœur & laisse agir ma rage,

F

SCENE II.

MELISSE, AMADIS *enchaîné*, NIQUE'E
enchaînée.

NIQUE'E.

Ciel ! fur qui fa fureur va-t'elle s'exercer ?

AMADIS.

Epuifez fur moi feul votre haîne implacable.

Tous deux.

Si notre amour a pu vous offencer ,
Ne frapez que mon cœur , il eſt le plus coupable.

MELISSE *levant le bras fur Amadis.*

Barbare , c'eſt par toi que je vais commencer.

NIQUE'E *s'évanoüit.*

Ah Ciel !

MELISSE.

Mais d'où me vient cette pitié foudaine ?
Par quel charme mon bras fe fent-il arrêter ?
Ah ! ma flâme eſt encor plus forte que ma haîne,
Et je fens tous les coups que je te veux porter.

AMADIS.

Helas ! de quoi me fert la pitié qui vous preſſe ,
Quand je tremble pour ma Princeſſe.
Ah ! voyez de quels maux elle fent la rigueur

MELISSE.

Quoi ! peux-tu te flatter que ſon ſort m'attendriſſe ?
Non , tu la pleins , ſa mort va faire ton ſupplice ,
    Je yeux te frapper dans ſon cœur.

AMADIS.

Juſte Ciel !

MELISSE.

    Mais c'eſt peu pour vanger ma tendreſſe ,
Je te veux avec elle enchanter en ces lieux.
    Tu la verras mourir ſans ceſſe ,
Et le ſang ruiſſelant du ſein de ta Princeſſe ,
Sera l'unique objet qui frapera tes yeux.

AMADIS.

    Qu'entends-je ! ô Ciel : quelle furie !
Dieux , qui voyez ces projets inhumains ,
    Protégez-vous la barbarie ?
    Que ſert la foudre dans vos mains ?
    Ah prévenez la cruel Meliſſe !
    N'attendez pas l'effet de ſon couroux ,
Que vos Foudres vangeurs l'écraſent ſous leurs
    coups ,
    Ou que la Terre l'engloutiſſe . . . .
Que dis-je malheureux ! j'anime ſes fureurs.

Ah ! je tombe à vos pieds , rendez-vous à mes pleurs ,
Cédez à notre amour , & ſurmontez le votre.
    Quoi ! voulez-vous punir nos cœurs
    D'avoir été faits l'un pour l'autre.

MELISSE.

Tes pleurs & tes soupirs sont vains,
Cruel, ils m'outragent encore.

AMADIS, *en se relevant.*

O Mort! arrache-moi de ses barbares mains;
Ce n'est plus que toi que j'implore.

Il s'abandonne à son desespoir &
s'appuye contre un Rocher.

MELISSE.

Manes de son Rival, Prince trop malheureux,
Obéis à ma voix, sors du Royaume sombre;
Pour un enchantement affreux,
Mon Art attend le secours de ton ombre :
Viens te joindre avec moi pour contraindre le sort
A servir ma fureur extrême ;
Hâte-toi, sors des lieux où t'enchaîne la Mort,
Et viens m'aider à te vanger toi-même.
Manes de son Rival, Prince trop malheureux,
Obéis à ma voix, sors du Royaume sombre ;
Pour un enchantement affreux,
Mon Art attend le secours de ton ombre.

Une noire vapeur s'éleve dans les Airs ;
L'Ombre vient seconder ma rage.

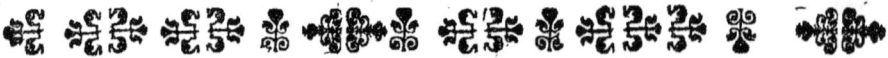

SCENE III.

L'Ombre du Prince de Thrace.

Acteurs de la Scéne précedente.

L'OMBRE.

TEs cris ont pénétré jusqu'au sombre rivage,
Et je sors malgré moi du séjour des Enfers.
Les Dieux vangeurs de l'injustice
Protégent contre toi ces fideles Amants,
Et m'imposent pour mon supplice
De venir t'annoncer la fin de leurs tourmens.

Il disparoît.

SCENE IV.

MELISSE, AMADIS, NIQUE'E

qui a repris ses esprits.

MELISSE.

O Ciel! injuste Ciel! barbare violence.
Quoi? je ne puis punir des mépris odieux.
Est-ce donc pour vous seuls, impitoyables Dieux!
Que vous reservez la vengeance?

Non, non, malgré votre fecours
Il faut que ma Rivale expire....

Elle veut avancer vers Niquée,
& fe fent arrêter.

Mais je le veux en vain ... vous défendez fes jours.
Le Ciel & les Enfers, contre moi tout confpire.

Je vous entens, grands Dieux, il faut finir mon fort,
Et l'Arrêt de fa vie eft l'Arrêt de ma mort.

Elle fe frape.

C'en eft fait, Amadis, ta flâme eft triomphante;
Ton Ennemie expire ou plûtôt ton Amante.
Mais toi, ne me hais plus, pardonne à ma fureur
Les maux que je t'ai voulu faire....
Hélas! tu t'attendris, tu me vois fans horreur,
Voilà le feul état où je pouvois te plaire,
C'étoit ton unique défir....
Mais je m'affoiblis, je chancelle,
Un froid mortel vient me faifir,
Trop heureufe en tombant dans la nuit éternelle,
Si ma mort t'arrache un foupir.

NIQUE'E.

Que je la pleins !

AMADIS.

Que fon fort eft tragique !

Tous deux.

Mais , quel eclat ! quels Sons harmonieux !
Qui peut changer ces triftes lieux
En un féjour fi magnifique ?

L'Antre fe change en un Palais éclatant , & Zirphée
paroît fur un nuage.

NIQUE'E.

Que vois-je ? eft-ce Zirphée, en croirai-je mes yeux ?

SCENE V.

ZIRPHE'E, AMADIS , NIQUE'E.

ZIRPHE'E.

TOus vos maux font finis , ceffez de vous en
plaindre,
Qu'un tendre Himen vienne les réparer.
Votre amour n'a plus rien à craindre
Qu'il n'ait plus rien à défirer.

AMADIS.

Ah ! pouvois-je efperer une faveur fi grande ?

NIQUE'E.

Que ne vous dois-je point pour de fi doux bien faits.

ZIRPHE'E.

Aimez-vous à jamais ,
C'eft tout le prix que j'en demande.
Vous , qui vous empreffez pour fervir mes defirs ,
Par mille Jeux nouveaux , celebrez leurs plaifirs.

SCENE DERNIERE.

NIQUE'E, AMADIS, ZIRPHE'E.

Des Efprits fous la forme de Guerriers, portent des Drapeaux où font reprefentez les Exploits d'Amadis. D'autres, fous la forme de divers Peuples, dont Amadis a foûtenu la gloire, portent des Couronnes ou des Trophées; & d'autres, fous la forme des Beautez les plus fameufes, viennent rendre hommage á la beauté de Niquée.

CHOEUR.

QUe les Ris, que les Jeux regnent dans ces
     retraites,
    Formons les plus charmans Concerts,
Que le bruit des Tambours, que le fon des Trom-
  pettes
    En faffent retentir les Airs.

Fin du cinquiéme & dernier Acte.

APPROBATION.

J'Ai lû par ordre de Monfeigneur le Chancelier *la Vie & le Théatre de M. Quinault.* J'ai crû que le Public en verroit avec plaifir cette nouvelle édition. Fait à Paris ce 1. Mai 1714.

Signé BURETTE.

www.ingramcontent.com/pod-product-compliance
Lightning Source LLC
LaVergne TN
LVHW022032080426
835513LV00009B/993